SOUVENIRS D'ANTAN

෩ෲ ❖ ෩ෲ

COCKS GEORGES

Textes en prose

Poésie
Passionnément

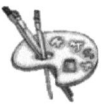

SOUVENIRS D'ANTAN
de la Guadeloupe

Textes en prose

*« L'antan, la racine de nos souvenirs
Que le temps, érode lentement ».*

Georges Cocks

Préface

Il était une fois, des hommes, des femmes, des enfants et une époque, *an tan Sorin*, une vie difficile mais, oh ! combien belle où ni la monotonie, ni l'ennui, ne purent trouver de place. Deux saisons le carême et l'hivernage, la pluie et le soleil et puis des femmes partout, des femmes qui font tout, des femmes comme des hommes mais qui ne portent jamais de pantalons ; toujours la robe, la robe des champs, la robe de la ville et la robe du dimanche. Elles donnent naissance à la femme « *Poto mitan* » qui n'est en réalité qu'une description très ancienne révélée dans les pages des Saintes Ecritures par le roi Lemuel dans le livre des Proverbes au chapitre 31.

Il donnait cette description qui ressemble un peu à nos mères que l'on trouvait trop soumises et pourtant leur vie de couple n'était que meilleure et leur union durable.

Voici un extrait de ce passage qui vous rappellera sans doute quelques gestes maternels dont le souvenir reste encore intact.

(...)

Une femme capable, qui peut la trouver ? Sa valeur dépasse de beaucoup celle des coraux.
Le cœur de son propriétaire a placé sa confiance en elle, et le gain ne manque pas.

Oui, elle le rétribue par le bien, et non par le mal, tous les jours de sa vie.

Elle a cherché de la laine et du lin, et elle travaille à ce qui est le plaisir de ses mains.

Oui, elle est pareille aux navires d'un marchand. Elle fait venir de loin sa nourriture.

Elle se lève aussi lorsqu'il fait encore nuit, elle donne la nourriture à sa maisonnée et, à ses jeunes personnes, la part prescrite.

Elle a pensé à un champ et l'a alors acquis ; du fruit de ses mains elle a planté une vigne.

Elle a ceint ses hanches de force, et elle donne de la vigueur à ses bras.

Elle a senti que son commerce est bon ; sa lampe ne s'éteint pas la nuit.

Elle a avancé les mains vers la quenouille, et ses mains saisissent le fuseau.

Elle a tendu la paume à l'affligé, et elle a avancé les mains vers le pauvre.

Elle ne craint pas pour sa maisonnée à cause de la neige, car toute sa maisonnée est vêtue de vêtements doubles.

Elle s'est fait des couvertures. Ses vêtements sont de lin et de laine teinte en pourpre rougeâtre.

Son propriétaire est quelqu'un qui est connu dans les portes, quand il s'assied avec les anciens du pays.

Elle a fait des vêtements de dessous et [les] a alors vendus, et elle a donné des ceintures aux marchands.

Force et splendeur sont ses vêtements, et elle se rit du jour à venir.

Elle a ouvert la bouche avec sagesse, et la loi de la bonté de cœur est sur sa langue.

Elle surveille les activités de sa maisonnée, et elle ne mange pas le pain de la paresse.

Ses fils se sont levés et l'ont alors déclarée heureuse ; son propriétaire [se lève], et il la loue.

(...)

Le charme peut être trompeur, et la beauté peut être vaine ; [mais] la femme qui craint Dieu est celle qui obtient des louanges.

(...)

Souvenirs d'antan, nous rappelle quelques scènes de la vie guadeloupéenne au fil du temps.

Le départ pour la pêche

Les hommes ont retroussé leurs pantalons jusqu'aux genoux, comme on retrousse les manches d'une chemise de coton qui ceint les hanches d'un noeud papillon solide et maladroit.

Tandis que la force des bras et des mollets, comme une addition sans retenue, une parfaite équation, conjugue les efforts soutenus pour mettre à l'eau une barque rebelle qui résiste en traçant un sillon dans le sable endormi par les caresses incessantes des vagues déferlantes.

Elle se cabre comme un cochon sauvage après la première claque que lui donne la mer, et le sillon, qui vient de saigner le sable blanc par la quille aiguisée ; disparaît comme une vapeur, comme l'oubli dont on ne se rappelle rien. L'eau froide qui vient de lécher les jambes charnues, comme les branches des flamboyants, plaque les poils dans une soumission instantanée sur la peau noire des marins pêcheurs.

Le bras de fer peut commencer avec la mer pour quelques poissons, les armes à la main, le petit canot prend l'air d'un poisson volant, les nageoires en bois l'éloignent du rivage où *twa pitit tibougs* tombés du lit les prennent à témoin, espèrent un jour pouvoir prendre la relève.

Twa pitit tiboug : trois petits garçons.

Les pêcheurs des Saintes
(Terres de Haut et Terres de Bas)

Sous les cocotiers valsés par la brise, une petite chaumière reçoit les attentions particulières des palmes qui lui font de l'ombre, lui serrant la main en guise de fidélité pour ralentir les érosions du temps.

Certains, assis, raccommodent de longs filets, concentrés comme une cicatrice sur la blessure ils ne parlent pas, l'exercice n'est pas difficile, c'est le devoir, le vis-à-vis de la vie, quand Dieu demandera des comptes pour son héritage, le fruit du ventre.

Une femme, assise sur une chaise berce sur ses genoux un petit enfant, au gré des blagues viriles que se partagent les hommes dont la tonalité et la musicalité mélangées de rires compliquent le sommeil juvénile, mais, l'alizé est bon, les paupières trop lourdes finiront par céder.

Les navires marchands

Les quais de la Darse accueillent les voyageurs de la mer qu'ils soient rapides, tâchant le ciel de leur fumée noire, lents, suppliant le vent de caresser la misaine, ils débarquent délicatement de la terraille, de la morue ou du charbon, et quand la cale respire un peu le vide, elle se remplit de sucre ou de tonneaux de rhum.

Lorsque leur tirant d'eau les tient à quelques brasses, des petites embarcations grouillant comme des *golomins* assurent l'acheminement de la marchandise.

Les mâts majestueux, entremêlés et maintenus par mille et un cordages, vous donnent le tournis lorsque l'on ose chercher le bout de sa cime qui se perd dans les nuages, comme la tour de Babel, confondant l'usage de nos sens, entre équilibre et raison.

Il n'y a que les hommes et les femmes que le commerce invite au négoce, les enfants, la plupart des garçons, nus, sans honte, ont troqué leurs habits contre une partie de plaisir sur le pont Sirop d'où ils se jettent à la mer. Les enfants Forbin et la camaraderie se rappellent encore cette génération libre et épanouie.

Golomin : mot qui désigne les « *guppy* » et en générale les alevins, tout petit poisson d'eau douce.

Les rivières de la Basse-Terre

Elles faisaient la renommée des ponts comme la Rivière des Pères, où le Galion où les mêmes scènes se répétaient sur ces grosses pierres de granite où lézardaient quelques baigneurs téméraires, des petits mais aussi des grands.

On y jetait une ligne ou, on abandonnait pour quelques heures un *kali* en toile de jute, où quelques ouassous se faisaient prendre au piège des *pouls-bwa* pour ensuite changer de couleur dans un *donmbré*, ou dans un colombo qui attisait déjà l'envie et l'appétit.

Ne pouvant charrier les lourdes pierres, elles emportaient l'odeur de la chair et de la sueur, se mélangeant à la crasse du savon de Marseille d'une lessive en contrebas ; une petite chaussette rouge file comme un petit poisson, elle arrive à la mer, elle perd de la vitesse et prise dans cette faiblesse, se fait happer, une douleur du dimanche, une petite fille qui pleure, elle ne trouve pas l'autre coté de son pied.

Kali : piège ou nasse à écrevisse en toile où s'arc-boutaient deux morceaux de bois souple sécants auxquels on attachait chaque extrémité de la toile où l'on posait des morceaux de termitières comme appât.

Poul-bwa : termites.

Donmbré : du mot « *dumpling* », boulettes de pâte de farine mélangé à des queues de porc ou des écrevisses.

Le plaisir des eaux chaudes

Le bain-marie jaillit des entrailles de la terre, là où la colère des morts réchauffe les larmes du ciel, ou est-ce une racine de lave du volcan Soufrière qui s'est perdue dans un coin de Dolé-les-bains ou de la Ravine Chaude ?

Il n'y a point d'ébats comme dans les eaux de la mer, il n'y a aucune crainte de se noyer, même les enfants ont pied. Les femmes se trempent toutes endimanchées, coiffées d'un chapeau de paille, elles laissent faire le temps pour que la magie des eaux puisse chasser la douleur et la vertu soufrée panse l'arthrite et l'arthrose.

Les hommes sont peu nombreux à se prêter à ce jeu, les préoccupations sont d'ordres masculines ; ils préfèrent réchauffer l'intérieur, le rhum a aussi ses vertus et ses mystères cachés quand il dévoile les secrets de l'âme au cours d'une partie bien arrosée.

Les sauts d'eaux

Les cataractes se jettent aveuglement dans le vide sans inquiétude, comme ces jeunes gens libres qui se jettent dans la marmite bouillonnante, froide et fort agréable. Le chant de l'eau invite au pique-nique, à la pêche et à la baignade. Les conversations et les secrets se parlent sans crainte, les grosses pierres restent sourdes, on peut deviner sur les sourires et dans les regards si la nouvelle est bonne ou mauvaise.

Les gorges de la terre vomissent leurs eaux avec rage et douceur, créant les rivières qui donnent naissance aux ponts qui les regardent passer sans une mise en garde contre la mer qui n'en fera qu'une bouchée.

Ils prennent des noms appétissants des noms ordinaires et aussi des noms mystiques :

Saut de la Lézarde, Chute du Carbet, Chute de la Rivière Sens, les chutes de Dolé, Cascade Vauchelet, la cascade du Galion, Cascade du Langoustou, Cascade Ducoux, le Latylis…

La case créole

Le souffre-douleur de la misère, chapeau de paille et bois de poirier, une fenêtre qui s'ouvre sur les premières brumes du matin, le *siren* de son nom, chasse l'odeur d'une lampe de pétrole porteuse d'une piètre chaleur inégale dans la seule pièce, l'initiale.

La porte, la plus parfaite, bien à plomb, quatre planches bien droites, n'envie pas le *rakasiyaj* des pans de mur serrés par un tasseau. Les gonds si robustes sont réutilisés à chaque nouvelle construction. Pas besoin de serrure un clou fera l'affaire, c'est ainsi partout ami untel veille toujours pour nous.
Le pas de la porte en terre, battu par les allées et venues, où plus rien ne pousse sauf un peu d'ombre vers les quatre heures et demie et un petit banc pour asseoir la fatigue amassée dans un champ au *pipirit chantant*.

Les seules herbes qui ont la chance de fleurir le sont par la permission humaine, comme on les appelle *rimèd razyé* : *tikann, fanbwazen, gwomant, zèbafè, zouti* etc...
Une fougère obtient la clémence grâce à sa beauté, elle se cache derrière un *bari* derrière la maison ou l'on lave son intimité.

Souvent dans la cour, l'arbre à pain se marie avec un manguier ou un avocatier et féconde des fruits pour le bonheur de tout un chacun, un troc avec le voisin, c'était cela la vie *an tan Sorin*.

Siren : rosée du matin.
rakasiyaj :rafistolage.
pipirit chantant : aux aurores.
rimèd razyié : plantes médicinales.
Tikann, fanbwazen, gwomant, zèbafè, zouti: noms de plantes médicinales.
bari : gros fût en métal ou en bois.
Sorin : Gouverneur de la Guadeloupe. (voir note page 89)

Note : la case créole quand elle a évolué avec sa toiture en tôle et ses parois en planches souvent recouvertes de zinc à l'extérieur ainsi qu'un vrai plancher, pouvait suivre son propriétaire lors de son déménagement. A l'intérieur les murs de planches étaient tapissés de pages de catalogues déchirés, des photos en tout genre. Elle reposait sur de grosses pierres. Les poules et les chiens y trouvaient une niche assurée. Elle était transportée sur des charrettes en fer. C'était un véritable jeu d'acrobatie comme une yole sur la mer. Plus tard avec l'arrivée des premiers camions Mercedes (on en trouve encore aujourd'hui transportant du ciment) avec leur grand plateau, les cases étaient transportées plus rapidement. Un homme se tenait à l'arrière avec une gaule pour faire monter les fils électriques qui pouvaient entraver le convoi.

La joupa

La maison secondaire, la maison de repos, la cabane où l'on écrase un peu de fatigue, où l'on s'abrite de la pluie torrentielle car les *fifinns* ne font jamais fuir les paysans occupés à leur besogne.
Quelques haillons jetés sur deux morceaux de planche pour ajouter un peu de confort au sommeil. Quelques ustensiles de cuisine, l'élémentaire, pour faire cuire un morceau de racine ou faire une salade de concombre. Houe, fourchette, coutelas, bottes occupent les quatre coins de la pièce. Le fouet, la bride et les courroies accrochés à des clous madrier pour ne pas être rongés par des rats. Quelque part à coup sûr une bouteille de rhum pour accueillir un compère, donner quelques blagues assis sur une bille de poirier avec une pastèque pour tuer le temps.

Joupa : *joupa*, viendrait de "ajoupa", mot amérindien qui désignait un abri de fortune.

Fifinn : bruine.

Les animaux domestiques

Le cochon

Il était courant que les cochons élisent domicile sous un suretier ou tout autre arbre feuillu retenus par une chaîne d'où ils pouvaient s'abriter des rayons du soleil meurtriers qui pouvaient les étouffer. Le cochon traçait un cercle parfait comme un compas autour du tronc et rien ne poussait dans son espace vital sinon ses excréments. Une odeur unique semblable à celle du palétuvier. A la saison des pluies, il se roulait dans la gadoue et le corps recouvert de boue il avait l'air d'un commando camouflé pour une mission. Il était nourri des restes de nourritures, des pelures d'ignames, des peaux de bananes, madères, giraumons, fruits à pain... Mais aussi de cannes de *bwapatat* et autres herbes rampantes. A la faveur de ses maîtres, on lui faisait aussi bouillir quelques fois les pelures les plus dures. Les voisins qui n'avaient pas de porc se débarrassaient volontiers de leurs restes dans un grand seau graisseux que l'on appelait *bonm a cochon*. La tradition veut que l'on tue le cochon le vendredi après-midi pour le revendre le samedi matin d'où l'expression : *chak samdi ni cochon ay* qui signifie : fait comme bon te semble tu devras payer un jour.

Bwapatat : (ipomaea), plante fourragère des pays chauds dont le tubercule au goût sucré est comestible, de la famille des convolvulacées.

Bonm : de l'anglais « drum » ; les bonms étaient de gros bidons blancs à couvercle rouge dans lesquels étaient importés les queues et groins de porcs salés. Il en existait trois tailles différentes. Les habitants les prenaient dans les lolos. Ils les lavaient et y mettaient la nourriture (farine, riz, sucre...) à l'abri des rongeurs.

Le bœuf

Les taureaux les plus forts sont réservés à l'attelage et sont l'objet de soins attentionnés. Si le maître possède suffisamment de terre, ils sont séparés des vaches et chacun possède leur aire de pâture. En effet, les vaches mangent plus que les mâles et mettent la savane à rude épreuve. Au coucher du soleil, après avoir abreuvé à la mare, le maître pouvait conduire son troupeau manger de la bonne herbe entre deux champs de cannes.
En dehors des herbes sauvages et arbustes, les bœufs mangent à la récolte les feuilles de la canne à sucre appelées *zanma*.

Zanma : partie haute de la canne à sucre qui comprend les feuilles.

Le séchage du café

Le soleil vient de boire toute la fraîcheur de la nuit déposée dans le ciment de la grande cour. Le sol est sec, avec un râteau plat, les hommes étendent le café comme un drap dans la cour.

Comme une offrande aux rayons du ciel, les graines se vident de leurs dernières forces de vie, il faut guetter la pluie et tout mettre à l'abri si cette dernière s'invite à la corvée.

La couleur mosaïque disparaît peu à peu. Le vert s'enfuit, le jaune se tarit et le rouge s'affadit. Dans quelques semaines, on pourra moudre ce grain qui finira sa route dans une tasse blanche où l'odeur de l'arabica souillera l'haleine d'un doux parfum reposant.

L'arbre à pain

Nul hasard n'est à l'origine de l'arbre à pain dont les racines chatouillent toujours les fondations d'une case. Il n'est jamais trop loin d'une habitation, déployant de toute son envergure ses branches fragiles chargées de fruits, comme un sapin, de boules à noël.

L'arbre à pain, la force des hommes, dont un morceau rassis, est souvent le petit déjeuner du matin, une tranche d'or qui flotte dans une sauce épicée au *woukou* ou un blaff de poisson pimenté au *bonda man Jak*.

Une grande gaule en bambou appuyée sur une branche attend des mains expertes pour manier la perche qui décroche les fruits fermes et lourds, pleurant le lait de toute leur rondeur, qui tombent dans un bruit sourd et fracassant.

L'arbre de vie qui nourrit des générations d'hommes, une histoire d'amour fidèle à la tradition entre l'homme et la terre.

Woukou : arbre dont les feuilles ressemblent au cotonnier qui donne une gousse épineuse chargée de graines rouges que l'on faisait mariner dans un bocal rempli d'huile. Cette huile était utilisée pour faire revenir les épices et pour colorer les sauces blanches Il ne reste que très peu de personnes qui l'utilisent encore.

Bonda man Jak : piment très fort.

La récolte du cacao

Sous les feuilles, la fourmilière est en branle. Les ouvrières sillonnent le champ de cacao dans tous les sens, ramassant les fruits côtelés rouges ou jaunes, que les ouvriers décrochent de leurs gaules. Elles remplissent leur panier pour charger un mulet qui déversera son fardeau au point de concassement. Une montagne de chair décapitée au coutelas, où l'ouvrier manque à tout instant de perdre un doigt.

Le produit fini s'achète pour quelques centimes au lolo du coin enveloppé dans du papier marron, une doublure d'un sac de farine.
La reine, la chocolaterie Flower a donné une autre couleur au lait de vache, un autre goût au palais des enfants qui avaient tant de mal à avaler ces gorgées forcées de lait blanc.

La canne à sucre

Le sarclage

Un coup devant, un coup à gauche et un coup à droite, tels sont les figures que dessine la houe en grattant la terre comme une poule qui cherche le grain. L'herbe de maïs et le foin s'inclinent devant la détermination des femmes à en finir avec les adventices. Chapeaux ou foulards, elles travaillent toujours en robes, les feuilles de cannes tranchent comme des rasoirs et tailladent les mains et les avant-bras. L'engrais brûle comme un feu au plus profond des balafres qui vont vite cicatriser sans laisser de marques dérangeantes.

Coupe de la canne à sucre

Labeur des hommes et des femmes sur la terre des ancêtres où la besogne ne connaît pas de repos tant que la moindre lueur du soleil ne soit dévorée par l'obscurité. Quatre rangs à conduire d'une lisière à une autre sous l'œil attentif du géreur.
Les femmes, derrière, s'attellent à transformer cette montagne de pièces entremêlées en piles de paquets bien organisés.
La charrette en roue de fer, peu discrète et bruyante, laisse des traces soûles qui zigzaguent à travers les

terres et les chemins de tuf depuis son point d'attelage.

Les taureaux profitent du chargement qui approche la tonne pour attraper quelques *zanmas* qu'ils ruminent tout doucement.
Le convoi est prêt. Wagon ou balance ? Le destin est le même, c'est l'usine qui aura le dernier mot.

Zanma : partie haute de la canne à sucre qui comprend les feuilles.

Les locomotives et les chalands

De balances en balances, ils sillonnent les champs, coupant les routes, ils font confiance aux rails qui les guident aveuglement en tirant des wagons vident qui à leur retour ressemblent à des chenilles à pics à cause des cannes qui dépassaient dans tous les sens.
On les surnommait les *Bodvil*. Leur couleur jaune industrielle rappelait celle des autres engins agricoles de marque Cameco qui coupaient, transportaient et levaient la canne.

Les chalands faisaient une bouchée des charrettes en fer qui déversaient leur chargement dans le ventre goulu de ces péniches à fond plat. Lentement ils disparaissaient en glissant silencieusement sur la Lézarde, halés par un petit remorqueur à vapeur étroit recouvert d'un toit en tôle usée pour s'abriter d'un soleil accablant. Le voyage se termine à l'usine Darboussier où la grue met la cale à sec sans trop de difficulté.

L'usine

Mère nourricière, impartiale, depuis le paysan jusqu'au mécanicien où dans son ventre en gestation , derrière les fourneaux et les aiguilles à pression, des hommes trempés de sueur et couverts de suie lui donnent à manger jour et nuit, par la chaîne, les cannes brûlées qui suintent déjà un sirop exhalant.

Les grandes roues en acier où s'emboîtent les lourdes crémaillères pressent la dernière goutte d'une canne courageuse par tant de tribulations endurées. Mais ce n'est pas la fin ! De sa dernière vie de bagasse elle ne renaîtra pas de ses cendres mais elle nous laisse une poudre précieuse : le sucre roux tant convoité par le ti-punch ou le café.

Usine Gentilly à Sainte Anne, usine de Beauport, L'usine Darboussier, Usine Gardel, Usine de Bonne-Mère...

Les moulins

Les vieux gardiens des champs d'aujourd'hui étaient jadis des forteresses de vies, de forces et de courage, déployant leurs ailes sous la puissance des alizés ou sous la puissance des jarrets des mulets ou des bœufs qui broyaient la canne pour en faire du sucre.

Les histoires, les légendes, des pirates et des trésors, il y a toujours une fable enterrée non loin de ces grosses cheminées de pierres taillées, oppressées par des figuiers maudits qui les encerclent dans une étreinte mortelle. Le combat est sans fin, alors, la cohabitation s'installe, le mariage est fait, l'arbre et la pierre pour la vie.

La journée du paysan

Il se lève avant que le coq ne chante, lorsqu'il fait encore noir dehors et quand la lune est pleine, elle guide ses pas sur la lisière et les sous-bois.

Il avale un morceau de la veille, peu importe ce que c'est et enfile ses haillons, couleur terre, qu'il ne lavera qu'au bout de quelques jours, voire une semaine.

Ses bottes et son coutelas sont toujours à la porte d'entrée dans un coin à droite ou à gauche, car ils sont les premiers qu'il dépose quand il en revient.

Il pousse la porte en tôle qui grince toujours malgré toutes les précautions jetant un dernier regard dans la pièce mal éclairée pour voir si les enfants ne se sont pas réveillés. Dehors il fait frais, il fait bon. Ses yeux n'auront pas la chance de tomber sur un indolent qui lui gâcherait sa journée. C'est le moment idéal pour commencer à la débuter, pour prendre de l'avance sur le soleil qui cadence le rendement au rythme de ses rayons cuisants.

Il peut s'agir de planter ou de récolter, sarcler, passer de l'herbicide ou haler un charbon.

A l'heure du casse-croûte, on lui apportera un morceau de pain, une salade de concombre, avec des sardines sans doute et de l'eau glacée par deux francs de glace à l'eau achetée au lolo du quartier.

Le labeur peut reprendre ou s'arrêter, passer à autre chose, ce ne sont pas les tâches qui manquent.

Il s'occupera ensuite de ses bœufs qui l'appellent dans un meuglement orchestré, le soleil a déjà quitté son zénith. Il rentrera en passant peut-être par la buvette, deux bons *seks* avec les amis, quelques bonnes blagues, le rhum est bon mais ne remplit pas le ventre.

Des madères, du fruit à pain des patates douces et de la morue en *chiktay, sak vid pa tjenn doubout.*

Un petit *pijézié*, il n'est pas plus tard que deux heures ou trois heures (de l'après midi) il remet ses bottes, attrape son coutelas et retourne à la besogne.

Quand il n'a pas trop à faire, il passe un peu de temps avec son bétail qu'il peut conduire à une lisière entre deux champs de cannes pour les faire brouter une herbe riche et abondante.

Ensuite, il les conduit à l'abreuvoir (une mare en général) puis les ramène au parc où ils vont ruminer une bonne partie de la nuit les derniers brouts.

Il rentrera chez lui comme ce matin-là, la nuit tombante pour se reposer. Il se fera peut-être masser au Bay-Rum pour dissiper quelque douleur téméraire, car le corps d'un paysan est toujours sous le coup du mal.

Sek : punch, le sèk ne comprend que du rhum sec.

Chiktay : morue grillée, lavée et déchiquetée en petits morceaux, assaisonnée de poivre, d'oignons, d'huile, de piment avec du vinaigre ou du citron.

Sak vid pa tjenn doubout : un sac vide ne tient pas debout (Qui est affamé ne peut travailler).

Pijézié : sieste.

Bay-Rum : Lotion antillaise aux huiles essentielles de bois d'Inde bienfaisantes 100% naturel.

Le cyclone de 1928

Il importe de savoir par où l'on va commencer car, tous nos récits convergent vers le même désarroi. Un matin se lève, silencieux, assassiné dans la nuit par des bourraques, des rafales coléreuses et une mer en furie qui souhaite redessiner le visage de certains quartiers. Ceux qui s'en sortent croient rêver, un tel chaos c'est du jamais vu, cela ne peut exister que sur les champs de bataille. Quel était ce monstre, ou ces titans invisibles venus d'un autre monde, du firmament et qui, soudainement, sont tombés sur notre île aux belles eaux où ils se sont battus jusqu'à l'aurore ?

Les palmiers royaux de l'Allée du Manoir ne sont que de gigantesques piquets, dépourvus de toutes palmes, pointant du doigt le ciel l'accusant d'être responsable de leur *fada* grossier sans finition.

A Pointe-à-Pitre, la désolation est grande. Des pans de mur de planches entiers disséminés dans les rues, des tôles froissées prises dans les arbres, du linge mouillé ou déchiré, des matelas en coton gorgés d'eau doivent peser au moins cent kilos.

La place de la Victoire n'est plus l'hameau d'ombre où l'on pouvait fuir les rayons du soleil de midi, car les platanes ont perdu leurs branches. Des embarcations sont projetées sur la place par la houle.

Des maisons entières sont déplacées comme un jeu d'échec, d'autres, sont coupées en deux comme la maison Signoret et certaines sont désossées depuis le plancher jusqu'au toit. D'autres encore se sont effondrées sur elles-mêmes comme un tremblement de terre. Celles qui ont résisté raniment l'espoir à ceux qui ont tout perdu. Il ne reste plus rien de la Halle à viande rue Léonard.

De l'église de Baie-Mahault il ne reste que les deux pans parallèles. Celle de Petit-Canal a plus de chance.
Dans la campagne, les champs de cannes sont couchés. Les feuilles ne pouvant être arrachées ont été fouettées par le vent. Cocos et fruits à pain jonchent le sol. On fait le bilan des dégâts : les bœufs sont là, mais, les cochons barricadés dans les parcs de tôle sont libres, ils goûtent un peu de gaieté, simple brise de liberté car une corde reprend cet instant de jouissance opportune. On récupère tout ce qui peut l'être, tout ce que le vent n'a pu charrier mais aussi tout ce qu'il a déposé comme un voleur, comme un Robin des bois, pour profiter à l'indigent.

Le 12 septembre 1928 donne encore des frissons.

Fada : crâne rasé complètement.

Le cinéma Renaissance

Ah ! Le grand écran, les images couleur et les incontournables noir et blanc. Voir des comédiens nouveaux devenir nos héros. Le fouet de Charlton Heston qui claque dans la pénombre de la salle dans le film Ben-Hur, le fleuret de Guy Williams alias Zorro qui déchire silencieusement une signature sur le corps de l'ennemi. Les mystères de l'Ouest n'avaient plus de secret avec Franco Nero alias Django qui enchantait la foule donnant une seconde identité à des spectateurs enjoués, de fervents admirateurs qui parlaient à leur héros comme si ce dernier pouvait les entendre.

Quand le soleil amorçait les dernières courbes du zénith vers les dix heures du matin, la Renaissance ouvrait ses portes et ses sièges de bois aux badauds, aux amoureux et aux fidèles après la messe du dimanche ; et les marchandes, toujours là, les paniers en osier toujours bien garnis de doucelettes, pistaches, gâteaux, pipilits et autres confiseries.

Nous regrettons encore ce temps, où, pendant un instant, nous pouvions échanger nos blues contre 20 centimes de franc, français.

La place de la Victoire

Lieu de rencontre, place d'évasion, cours de La Renaissance où les bancs de quatre mètres appellent les passants, les revenants et les habitués, et les invitent aux bavardages, aux sourires et aux éclats de rires.

Les femmes rayonnantes, couvertes de dentelles et les plis profonds des tissus portent une signature parisienne. Les prêt-à-porter Caillé, habillent aussi les hommes toujours élégants, séducteurs, cravates, même si le noeud n'est pas parfait, la gestuelle est convaincante, la parade nuptiale peut commencer. Sous un grand arbre ou sur un banc, commence une construction, un petit nid, les prémices d'un amour balbutiant.

Allée des Mûriers
(Belcourt, Baie-Mahault)

Le soleil s'est levé sur la voûte des mûriers, sous le long tunnel d'ombre, les enfants jouent solitairement sous l'accolade des branches amoureuses. Comme des bonzaïs géants, hauts comme des nains, les troncs massifs de deux coudées environ, ne peuvent à peine cacher les petits garçons en chaussures noires, bermudas, chemises blanches et chapeaux colon. Quelques enfants, des gens de la terre, sont venus jouer mais la cohabitation n'est pas facile même si la volonté est ardente, on se regarde, on se parle au loin, il y souffle un air d'interdiction, un rappel parental que toute désobéissance pourrait être sanctionnée par une correction douloureuse.

Sous les arbres serrés, il n'y a pas d'enjouement dans le jeu, cette partie de délassement qui aurait du être un plaisir est aussi froide que l'ombre projetée. Les castes se sentent prisonnières. Ils ne peuvent pas s'asseoir au sol comme les autres enfants, la salissure étant encore plus redoutée. Ils accompagnent les arbres dans cette position infatigable pour le bois mais pas pour leurs petites jambes de bambou, tandis que les fils de la misère dans leurs guenilles n'ont pas honte de garder le contact avec la terre.

Le Cours Nolivos

Sur le trottoir de ciment, craquelé comme une mare en pleine sécheresse, deux gros tonneaux de bois, ceintures en fer attendent en silence. Les arbres en parallèle délimitent la Grande rue où se croisent des femmes, paniers au bras, des hommes les mains dans les poches, ou posées sur les manches d'une brouette en bois. Pieds nus, il la pousse vers l'aventure, l'occasion, l'opportunité, il saisit la chance, un transport, un paquet..... Il pousse les fardeaux des autres, traînant derrière lui comme son ombre, sa propre charge, toujours présente mais allégée par quelques sous honnêtement gagnés.

Un bourricot surchargé, courageux, s'offre un peu d'ombre en attendant de grimper la longue pente pavée de la rue du Sable.

Les services

On pourrait croire que cette petite île perdue sur une carte, comme une pierre dans l'océan, peuplée de noirs et d'indiens fusse coupée du monde évolué, mais non, ce serait une pure aberration de penser de la sorte. Le plan d'eau de la Darse accueillait ces oiseaux de fer qui se posent sur l'eau comme des pélicans, un service hebdomadaire de la Pan Américan Airways.

Les paquebots la Guadeloupe, la Martinique, le Normandie, le Pérou, la goélette postale le Lilian de Saint-martin, sans compter les navires de la marine marchande.

Il fallait aussi porter la chose honteuse, d'une odeur nauséabonde de la bourgeoisie sur la tête au passage de la charrette de ramassage, c'était le service des tinettes.

La blanchisseuse

Les dernières gouttes de force dans les bras que la rivière n'a pas pu charroyer, comme les bulles du savon de Marseille, vont fondre comme beurre au soleil sous la chaleur du *kawo* posé sur les braises ardentes d'un réchaud à charbon. Chaque pièce est soigneusement repassée. Tandis qu'un fer fait le va-et-vient, l'autre se prépare comme un remplaçant pour accomplir la même tâche, les mains chauffées, les doigts engourdis, raides, ont du mal à s'ouvrir pour lâcher la prise cirée au préalable par une bougie pour caresser et soumettre les plis du tissu.

Elle compte les pièces, il ne doit rien manquer, tout est là et c'est avec précaution qu'elle se protège des courants d'air et de la pluie, car elle sait que *cho é fwètt pa k'alé ansanm*.

Kawo : fer à repasser traditionnel.

Cho é fwètt pa k'alé ansanm : le chaud et le froid ne font pas bon ménage.

Les marchés

Marché *a man Réau*, marché de *Grippon*, marché au *Bord de mer*, marché *Saint-Antoine*… ; ils sont souvent à ciel ouvert et ceux qui ont la chance d'avoir un toit, où les hommes et les fruits sont moins abasourdis, sont toujours bondés de robes et de paniers. Comme une copie parfaite, une complicité habituelle, les marchés se ressemblent. On y trouve toutes sortes de fruits et de légumes mais aussi des objets insolites et pratiques que le marchand de fer-blanc façonne et les dernières terrailles venues tout droit de l'autre côté de la mer.

Les gens de la campagne sont venus de loin en charrette, les bêtes n'éprouvent aucune crainte de la foule, elles se tiennent là, la bride enroulée autour de la ridelle ou attachée à une barre, c'est une aubaine, il faut en profiter pour rencontrer la famille et les amis.

Les Lolos

Vin vann ! C'est l'appel qui retentissait après au moins les six coups d'une pièce de un, deux, cinq ou dix francs sur le comptoir de bois où était posée la balance de la justice qui réglait les affaires de la morue, des salaisons, des pois, du sucre... Soudain, à travers les étagères garnies depuis le plancher jusqu'à la tôle, Madame Josette arrive accompagnée par le courage et la détermination, ses compagnons éternels plus proches d'elle que son propre mari. Elle dépliait nos petits bouts de papier froissé, serrés si fort pour ne pas s'envoler, car souvent, le repas de midi y était inscrit, faute de mémoire, pour ne pas y retourner une centaine de fois. L'addition souvent posée sur un carnet de crédit soigneusement conservé comme un lingot d'or où nos parents s'empressaient en fin de mois, en adultes responsables, de régler personnellement un passif sans intérêt de 100 francs ou plus. Juste à coté dans la buvette, le bruit des dominos *pétayaient* sur la table, les amis, Hilarion, Nesty, Lycien, Djoubinn, Bènadin et bien d'autres encore, se retrouvaient autour d'un *sèk* ou un *fé*.

Et l'odeur des haleines de rhum, des oignons, de la morue et des harengs, donnait une senteur particulière qui était commune à tous les *lolos* des quartiers. Le point de rencontre sans rendez-vous, des renseignements, mais aussi des nouvelles fraîchement cueillies en ville.

Le camion d'alimentation générale, Clairville et Fils, faisait vibrer les fondations de la boutique quand le chauffeur coupait le moteur diesel dans son dernier soubresaut. Il sillonnait les communes lointaines vidant son ventre pour remplir celui des autres.

Vin vann : venez vendre.

Pétayé : résonner.

Sek et fé : punch.

Lolo : petit commerce de proximité.

La Compagnie Générale Transatlantique

Devant les grandes portes de fer, le gardien, appuyé sur un parapluie noir, soulage la fatigue comme cette vieille bicyclette, lâchée précipitamment contre le ciment gris, le guidon tourné, on dirait qu'elle s'est endormie.

La marque, s'accroche solidement aux barreaux de fer, entre les deux colonnes de Samson qui soutiennent les gonds courageux où, deux drapeaux français se prennent au jeu du vent.
Quelques tonneaux rassemblés sous un arbre, sur le trottoir, comme un groupe qui tient une conversation à l'ombre d'un amandier, attendent la levée pour dégager le passage.

Les poissons d'acier de la Transatlantique, naviguent de mers en mers reliant terres et continents, transportant nos émotions à travers le courrier postal et nos âmes avides de découverte vers un autre horizon, ainsi que toutes sortes de marchandises que l'on entrepose dans les grands hangars avec leur toit en demi lune.

Le Sèvre, le Pellerin de la Touche, le Porto Rico , le Normandie, la Guadeloupe,la Martinique le Pérou, le Navarre et le Carimare rallient les Antilles aux ports du Havre et de Bordeaux.

Les voyageurs se massent, les chaudières sont en branlent, la fumée de charbon emplit l'air, un long cor retentit et plus les mouchoirs s'agitent, plus vite le paquebot disparaît.

Pointe-à-Pitre au fil de l'antan

Le cœur, les poumons et les artères de Pointe-à-Pitre, battent la chamade de l'aube au crépuscule.
Les quais de la Darse frétillent comme un banc de poissons privés d'eau. Ils sont les premiers à grouiller de vie autour de la poissonnerie où la mort a pris le dessus sur les poissons. Les femmes, rassemblées autour de leurs paniers en osier ou leurs sacs de charbon sont prêtes à négocier.

Les débardeurs chargent et déchargent les navires, les épaules usées, endolories par les lourdes charges qui peuvent passer du doux au rugueux, de la toile (sac) au bois (tonneaux).

Les voitures commencent à tourner tout autour de la station Shell comme des abeilles autour de leur ruche. Avec ses deux hautes pompes, elle étanche la soif des moteurs Ford, Dodge et Peugeot.

Au *carrefour de la Halle*, le marché de la viande ouvre ses portes. Des cochons et des bœufs n'ont pas été chanceux mais, la ménagère va se régaler, elle choisit ses morceaux, elle veut un morceau ingrat mais un morceau de choix : une langue, la trachée ou des oreilles.

Les magasins commencent déjà à coincer les battants des portes contre les murs de pierres.

Au porte-Bonheur, le soleil lèche déjà les vitrines, il y semble ne rien manquer on y trouve même ce dont on ne saurait imaginer. La feuille de trèfle accorde du crédit à l'enseigne pour ne point y jeter de discrédit. Du bonheur on en a besoin, un contraste évident, l'appât du merchandising.

Les maisons Caillé, le prêt-à-porter au féminin comme au masculin, propose les modes parisiennes, parapluies, ombrelles, robes, vestons, lavallières, boutons de manchette, chapeaux… le chic dans tous ses détails, et les boîtes de chaussures sur les dernières étagères s'empilent jusqu'au plafond. Des vendeuses pour comprendre la coquetterie des femmes et des vendeurs qui ne donnent pas trop leur avis si le choix semble être déterminé d'avance.

Magasin J et F Pravaz
Les vins sont couchés, dorment-ils ou est-ce simplement un repos avant de se tenir debout sur une table à l'heure où le carillon s'affole ? Les autres liqueurs toujours debout, veillent, elles se tiennent prêtes. Elles savent qu'à tout moment on peut les saisir par le cou et les étouffer dans un sachet avant de changer de propriétaire. Cinq étages d'ivresses, le dernier presque à toucher les cieux, porte les eaux de vie les plus chères. De toutes tailles, de toutes formes et de toutes sortes de couleurs, du plus clair,

au plus foncé, ce n'est pas du teint dont il faut se méfier mais du degré de distillation.

Le *Marché Saint-Antoine* est déjà en effervescence depuis les premières lueurs. C'est l'odeur des épices qui règne en seigneur. Le thym, la cive, le girofle sont les prémices de l'odorat ensuite, la cannelle et certains fruits comme les mangues, deviennent aussi un plaisir pour les yeux. Les étals sont chargés. On y vend tout même des herbes sauvages pour se soigner, communément appelées chez nous *rimèd razyé*.

L'*Hôtel des Postes* en forme de proue, ouvre ses portes, le télégraphe et le courrier sont traités. On envoie des cartes postales avec quelques mots, un alibi de la vie pour faire savoir aux proches perdus dans le lointain que *nou ka kinbé rèd*.

Midi, le *lycée Carnot* déverse sa marée humaine dans la ville, remplie par le savoir mais affamée jusqu'à la panse. Elle se disperse au fur et à mesure qu'un pas imite l'autre, comme des matelots ils sont tout beau. Ceux qui restent, usent de la pension qui prend soin d'eux, elle remplace les parents en offrant seulement un toit et du pain, l'affection est dans les souvenirs que l'on s'efforce de ne jamais oublier.

Quand vient le soir la ville s'endort du dernier au premier. Il y a toujours une dernière ombre qui disparaît du coté de la mer, dans la pénombre d'un lampadaire. Toutes les maisons ne sont pas branchées au courant, la flamme tremblotante d'une lampe à pétrole ou d'une bougie, fuit l'obscurité à travers le trou d'un nœud qui s'est détaché du bois. A l'intérieur, les occupants vacillent comme un ivrogne à travers les fenêtres, puis le voile des ténèbres tombe et dans la campagne le *chaltouné* ne brûle plus. L'aurore va encore bousculer la routine qui replonge les hommes, les femmes, les enfants et les bêtes dans le cycle infernal de la vie.

Rimèd razyé : plantes médicinales.

Nou ka kinbé : expression pour dire que l'on se porte bien malgré les difficultés, on n'abandonne pas.

Chaltouné : sorte de flambeau, de torche fait de vieux tissus enroulés autour d'un morceau de bois, ou d'une bouteille remplie de pétrole dans laquelle on enfonçait un morceau de tissu en coton qui servait de mèche.

La marchande de sorbet

Elle a posé sa sorbetière sur un morceau de béton pour soulager les reins, pour ajuster la hauteur et elle n'a besoin que de la force des bras et un petit sourire car la chaleur fera le reste.

Déjà un petit garçon s'avance, un enfant de la bourgeoisie, chaussures noires montantes bien cirées avec des chaussettes qui respirent par-dessus, un petit short qui couvre à peine ses petits mollets blancs, une chemise et un béret. Il a vraiment du style ce petit enfant.

Dans son panier une longue louche, des timbales en plastique transparentes et du gros sel, la sorbetière lance un appel, la glace prise entre le bois et le cylindre gémit dans un crissement strident.
Quelques tours de manivelle et la glace est servie, dans un instant la publicité fera bon écho, tout le monde se précipite, on ne voit plus la marchande mais on sait qu'elle est là.

Le marchand de fer-blanc

Son jeune sourire rayonne plus que le soleil qui luit aveuglement sur ses fers-blancs en tout genre. Des gamelles nickelées, des pots de conserve, des entonnoirs et des chopines, enfin, tous les ustensiles qui pouvaient servir à rendre la vie difficile un peu plus agréable, plus docile comme si l'on pouvait la dompter un instant.

Il n'a pas besoin de crier. Tous ces pots de fer qui se cognent l'un contre l'autre au gré de ses pas dans un tintamarre aigu, annoncent son arrivée et de loin tel un éclair, un flash, il apparaît et disparaît quand il passe de l'ombre à la lumière.

La marchande de lait

Comme une éternelle reconnaissance, un pouvoir incorruptible, porter le lait par une femme est presque tout à fait normal comme si un homme s'attelait à cette tâche, il pourrait faire *tourner* le lait. Elle arpente les ruelles avec un cabas en bois chargé d'une dizaine de bouteilles remplies avec une réserve importante dans un fer-blanc de cinq litres au moins.

Ses pieds nus s'agrippent au sol pour ne pas trébucher. Les ventres vides creusés pendant le sommeil, gargouillent déjà et recherchent tous seuls les premières forces du matin. Elle a déjà ses clients, mais elle sert aussi sur le pas de la porte, un litre, un demi-litre ou deux litres. Satisfaite de cette contribution matinale, elle se changera peut-être en une nouvelle marchande, ce ne sont pas les vocations qui manquent.

Le marchand d'ananas

Haut comme trois ananas, le petit marchand, debout près d'une pièce de sept kilos, nous regarde avec ses yeux sucrés, comme le parfum que dégagent ses fruits qui caresse les narines mais aussi les papilles dilatées par la soif.

Ses vêtements sont usés et froissés par le temps, mais aussi par la maladresse et le manque de sagacité.

Son short bermuda a été rapiécé avec un morceau de tissu à carreaux, peut-être un morceau de madras d'une nappe ou d'une robe qui a déjà fait son temps. Juste au-dessous de son sourire espiègle, une cravate blanche nouée à même le cou, un contraste évident, une complicité entre l'homme et l'enfant.

La marchande de bonbons

Son étal, posé sur ses genoux, fait pétiller les yeux des jeunes enfants dévorés par la gourmandise qui leur démange le corps à chaque seconde qui passe. Assise sur un petit banc ses habits sentent le propre, une image qu'elle soigne comme ses doucelettes, ses sucres à coco râpés ou en lamelles roux ou blanc, des formes étranges de tout ou de rien. Des douceurs comme on les appelle, si douces, qu'elles attisent tant la soif, que l'envie de boire abondamment et sans frein altère le jugement.

Cortège nuptial à Pointe-à-Pitre

Sur les trottoirs en ciment gris, la foule se masse pour regarder passer le cortège. Les boutiques se vident, sur les balcons à l'étage les occupants prennent d'assaut les garde-corps. Ils ont une vue sans pareille. Le cortège marche doucement.

Une enfant tient la traîne. Ils ont dépassé la quarantaine, la décision est mûre et réfléchie. Les gens de la campagne descendus à la ville pour quelque commission, regardent avec attention cette procession et sa ribambelle de cavaliers et demoiselles d'honneur.

Leurs chapeaux ornés de fleurs artificielles font d'elles des belles de la classe d'élite. Leurs robes blanches émerveillent les paysannes, un instant de rêve, un mirage qu'elles toucheront seulement des yeux.

Soudain les têtes se tournent, les oreilles suivent un chuchotement, on s'interroge, on se demande, on cherche à savoir. Un sujet de conversation supplémentaire qui fera écho dans toute la savane et les sous-bois de la campagne.

Sortie de messe

Le jour de Dieu. Le jour béni. Le jour où la pluie n'est pas la bienvenue, le jour où la famille, petits et grands, va écouter les paroles du seigneur, endimanchée de la tête aux pieds, il faut donner ce que l'on a de mieux au tout-puissant. Sur le parvis, la foule se masse sous les ombrelles noires, les jacasseries sont piégées, les complets en tergal, les robes de coton et le cuir qui brûle les pieds trop habitués à la terre.

Quelques marchandes de douceurs exquises pour calmer la douleur du ventre, en attendant le riz haricots rouges et la viande de bœuf, le repas du dimanche dont on ne se rassasit jamais.

Les gens de la campagne profitent de l'escapade à la ville ou dans le bourg pour ramener la chose étrangère, ou la denrée rare.

Soudain, le soleil et les crampes au ventre dispersent la multitude, la ville se meurt doucement avant que ne reprenne la promenade dominicale sous les grands arbres ou sur les places publiques.

Partout la même scène, il n'y a que les gens qui sont différents, la vie s'est donnée le mot, l'harmonie à un caractère certain.

Se déplacer

Sur le carrosse du temps, nos lourdes jambes traînaient la fatigue et l'engourdissement sur les kilomètres de lisières et de chemins battus. Nos pieds chargés de cors, enfarinés par la poussière, reçoivent une attention particulière dans une rigole où, on éveille une eau endormie sur une couche d'argile. La charrette, le coche, à traction hippomobile tirés par des bœufs ou des ânes, nous ont cahotés un peu plus loin que l'habitude de nos pieds.

Puis, vint le vélo qui puisait lui aussi la vitalité des jambes, mais ce jeu était plus convivial car il rimait vitesse et bien-être avec le vent qui rafraîchissait le moteur, la poitrine, dans la chemise déboutonnée, une prise d'air comme un radiateur bouillant. Exténué, le souffle court, l'effort, jumeau de la course on avait juste le temps de caler la bécane sur un arbre, un fourré et soulager les fesses endolories et brûlantes.

Tout à coup, pris de convulsions le vélo se transforme. Le nouveau mutant : la mobylette tel un cyclope avec un gros phare au guidon, *push and go*, le moteur à un temps marquera la vie des hommes jusqu'à ce jour. Ensuite une nouvelle espèce, les quatre roues, les Dodge Brothers, deux yeux pour mieux voir dans le noir, plus véloce, plus puissante, plus rapide, pétaradant une fumée noire, nous sommes entrés dans une ère nouvelle : les machines à explosion.

push and go : poussez ça démarre.

La Grena

Ah ! La petite fille de Motobecane ! Elle n'avait pas froid aux yeux. Elle a rendu tant de nos hommes infidèles, l'enfourchant toute la journée entre les lisières, au travail en ville, pour voir la famille.
Mais les femmes n'étaient pas jalouses tant qu'il y avait une place derrière la longue selle pour elles et le sac de riz entre les jambes sur le cadre. Bleue, ou marron, elle brillait par sa peau métallisée, son cylindre kit lui donnait une voix de diva qui sortait de son bec après avoir traversé sa gorge courbée. Elle était robuste elle ne craignait rien, ni la pluie ni la boue, elle s'accommodait à toutes les situations.
La calamine pouvait la faire tousser mais elle ne s'arrêtait jamais. Elle fut longtemps la tête de gondole des établissements Rollé. Sa cousine Solex a fait les frais de son charme. Trop frêle et impuissante, seules quelques femmes, fines de taille lui ont accordé une ballade.
Même la guêpe italienne : la Vespa ne résistera pas à la Grena.

Basse-terre, l'île des montagnes, mère des chutes et des rivières et père des ponts.

Dans la Grande rue du Cours quelques femmes se pavoisent sous le regard des chiens-assis des toits de tôle et des balcons de fer. Bottes blanches, certaines reviennent et d'autres s'empressent de rejoindre le Cours Nolivos. Les hommes chez Caïlachon les regardent passer respectueusement.

Sur l'appontement, une foule de voyageurs attendent l'embarquement. Ils sont patients, au loin, quelques nuages menaçants chatouillent la cime du volcan La Soufrière. La rue du Grand Cours meurt au bout du chemin de bois, comme un pendu à la potence pour basculer dans le vide sur la mer.

A l'ombre des grands tamariniers, les femmes prennent les affaires en main. Le marché respire, il embaume, il parle mais, où sont passés les hommes ? On peut les compter sans trop de difficulté. Assis au bord de la fontaine ou à susurrer aux oreilles d'une dame ce n'est pas trop leur domaine. Quelques unes s'en sont déjà défaites de leur marchandise, elles reviendront demain si le salaire ne répond aux besoins de la famille.

Au champ d'Arbaud, quand ce n'est pas l'escadre française qui envahit et anime la savane, c'est juste quelques passants qui empruntent la lisière qui conduit aux palmiers géants, devant l'hôtel du Gouverneur, un raccourci bien fréquenté car l'herbe, a toute la peine du monde à pousser sur la terre battue par les allées et venues.

Il n'y a pas que le dimanche pour se rendre à la grotte de Notre Dame de Lourdes au Carmel et sa source miraculeuse. Les demandes sont si nombreuses qu'elles ne peuvent être exaucées. Finalement, on s'en remet à Dieu, on le suppliera jusqu'à très tard dans la nuit, *nou sé pitit a bondyé*, il ne peut nous oublier.

Nou sé pitit a bondyé : expression créole : nous sommes les enfants du Bon Dieu.

Les jeux d'antan

Jouer était une partie de plaisir, un moment de liberté, lorsque les corvées de la maison ou celles des champs ne privaient pas les enfants de cet instant tant désiré. Cela pouvait commencer dès la sortie de l'école sur le chemin du retour. Des fessées, pour avoir trop joué, pour n'avoir pas vu le temps passer, pour avoir passé outre les paroles pleines de sagesse qui nous préserveraient de toute paresse.

Sept petites pierres toutes lisses qui s'envolent pour se retrouver dans le creux de la main, le plus agile qui en mettra le plus aura gagné la partie de *pichin*.

Un *cerf-volant* se moque des oiseaux qui se fatiguent à battre des ailes, sous la pression du vent les *bichèts a koko* résistent, l'enfant donne du fil jusqu'à tendre le bras.

Un bruit de tonnerre, gronde depuis le dessus du morne jusque sur le plat, c'est une course de *kabwa*, les garçons surfent sur la terre dans une vague de poussière assis ou couchés sur leur planche de bois, à quatre roulements à billes.

Les *yoyos* coupent le vent dans un vrombissement, tandis que la ficelle se tord et se distord. Un gros bouton ou une capsule aplatie avec deux trous dans son axe, on tourne pour donner de la pression on tire pour donner de la vitesse.

Une partie de chasse au *jèspom* pour le jeu, pour s'essayer, se prouver, bien souvent contre des merles noirs, des *foufous* innocents ou des *tijaune* sans méfiance.

Courir, la force de la jeunesse, courir après son *cerceau* avec une baguette de bois, on le poussera par le creux de la jante ou encore on pouvait le fouetter pour le faire avancer.

Courir aussi sous la pluie, courir aussi vite que les torrents qui charrient nos bateaux en noix de coco. L'équiper d'une petite voile blanche, la fierté d'inventer et de créer ses propres jeux.

Le *chokaché*, la réunion des garçons et des filles, l'un des rares moments où elles pouvaient s'intégrer sauf pour celles au caractère marqué d'un garçon manqué. Sinon, comme des anges pourtant dépourvus d'ailes, elles arrivent toujours à sauter de la terre jusqu'au ciel en jouant à la *marelle* ou en sautant à la corde.

Mais quand le cœur n'y est pas ou la discipline parentale pose ses jalons, à l'écart, elle saisit sa *matrone,* avec elle, elle parle, elle rit, elle la nourrit, elle l'embrasse, le petit frère qu'elle n'a pas eu, la petite sœur tant désirée, elle laisse libre cours à son imagination, elle et sa poupée de tissus.

Sous les flamboyants qui tapissent le sol de pourpre, les combats de coqs avec les boutons des fleurs resserrent les liens d'amitiés.

A l'ombre d'un quenetier géant, ou un coin de cour soigneusement nettoyée de tout grain de terre avec un balai de *tibonm*, un cercle, un triangle gravé dans le sol dur et lisse, qui sera le premier à lancer sa bille ? Celui qui sera le plus près de la ligne, celui dont le *kristal* ne sera pas *nèy*, celui qui fera éclater les *dèms* et les *badachs* sous le coup puissant d'une bille de fer de roulement.

Les jeux d'antan une belle histoire d'amour entre l'enfant et son temps.

Pichin : jeux qui rappelle le jeu des osselets.
bichèts a koko : petit bâton fin et souple qui constitue la nervure de la feuille du cocotier.
Kabwa : voiture d'enfant.
Yoyo : jouet d'enfant.
Jèspom : lance-pierre.
Foufous : colibri.
tijaune : petit oiseau tacheté de jaune.
chokaché : course poursuite.
Tibonm : arbuste sauvage odorant que l'on utilisait pour balayer la cour.
Kristal : bille.
Nèy : se dit lorsque sa bille rentre et reste prisonnier dans le cercle ou le triangle.
dèms et les *badachs* : sortes de grosses billes.

La veillée

La nouvelle court tel un éclair qui déchire le ciel, et les sanglots comme le tonnerre grondent dans la petite case. Un parent vient de passer. Ce soir le gros tambour tiendra la nuit éveillée jusqu'à l'aurore. Le vent comme un messager portera la nouvelle dans la nuit aux habitations distantes. La famille, les amis sont là. Entre brouhaha et *Boulagyèl* tout le monde s'entend et tout le monde se comprend. La soupe passe et laisse traîner sa robe. Il y en a qui regrettent et d'autres qui bissent, mais c'est le rhum qui ne doit jamais manquer. Quand il se rend maître de nos passionnés de boissons, l'animation atteint son comble : les pas saouls, les mots qui se mélangent, les articles définis, inversés, définissent à présent l'intensité du rire et les chanteurs improvisés chassent le sommeil des lourdes paupières.

Demain, ils seront les derniers à partir, ce sont les irréductibles, sans eux la mort est plus difficile à supporter pour les vivants.

Boulagyèl : Chœur basé sur un chant par homorythmie. Le texte est souvent une succession d'onomatopées donnant l'impression de reprendre la base du boula. Spécifique aux veillées.

Récits de rescapés par Edouard Boulogne
Source page web :
http://www.lescrutateur.com/article-21111314.html

Rappelons brièvement les caractéristiques de ce sinistre : dépression barométrique atteignant 707 mm (contre 760 en temps ordinaire) accompagnée d'un vent extrêmement violent. Plus la dépression est faible, plus la violence du vent est grande. De plus, la tempête s'accompagna de pluies torrentielles, d'une montée de la mer assez loin dans les terres et d'un tremblement de terre, selon de nombreux témoins.

Conséquences : 1270 victimes pour l'île et des dégâts matériels énormes, certaines petites communes ayant été presque entièrement rasées, Pointe-à-Pitre ayant ses faubourgs abattus et le centre même très endommagé. Face à ce triste bilan, des points réconfortants, notamment l'attitude de nos concitoyens - à la fois courageux et sans plaintes excessives devant l'épreuve - Au contraire ils s'exhortaient mutuellement à relever les ruines : les journaux de l'époque en font foi. Tel père de famille, après avoir perdu 2 fils, faisait cependant partie d'un comité de secours. Ainsi se révélait le sens chrétien de tous, pour qui la vie ne se limitait pas à la pierre tombale. Tous témoignaient qu'ils savaient ainsi porter leur esprit vers l'au-delà et, en définitive, vers Dieu, refuge des disparus autant que secours des survivants.

Autre point réconfortant : le sens de l'entraide parmi les hommes du monde occidental. Parmi les peuples de ce monde occidental tant décrié, si matérialiste, nous dit-on, on trouva l'aide de la Martinique, et en particulier de Fort-de-France, dont le maire vint jusqu'à nous ; celle des Etats-Unis, du Canada, de l'Indochine alors française, et surtout du gouvernement central lui-même : 100 millions (de l'époque) furent envoyés aussitôt pour nous aider à nous relever de nos ruines (dont 6 furent confiés au grand poète catholique Paul Claudel, alors ambassadeur de France à Washington et venu spécialement à Pointe-à-Pitre nous les remettre).

Pour compléter ce schéma, laissons maintenant la plume à deux témoins, que j'ai bien connus, aujourd'hui décédés et qui ont failli perdre la vie au cours du cyclone. Leur histoire nous est précieuse, bien que brièvement contée, elle nous remettra mieux dans l'ambiance que les articles d'hier et d'aujourd'hui.

E. Boulogne.

(A Pointe-à-Pitre, une maison s'est effondrée sur elle-même et le balcon du 1er étage est au niveau de la rue).

SOUVENIR D'UN RESCAPE
(Il s'agit de monsieur Eugène Bonnet, qui travaillait alors dans l'île de Marie Galante, une dépendance de la Guadeloupe. La science météorologique était bien moins développée qu'aujourd'hui, et monsieur Bonnet, comme les autres Guadeloupéens découvrirent le monstre cyclonique au moment même, ou à peu près, où il

s'abattait sur nos îles. En 1951, encore, dans la ville du Moule, où à l'âge de neuf ans je passais les vacances en famille, un cyclone qui heureusement nous épargna, fut annoncé quelques heures seulement avant l'heure de son passage présumé, par un garde champêtre de la commune, « à son de caisse ». Le texte de M. Bonnet fut écrit spécialement pour Guadeloupe 2000 en 1987.).

« Le 12 septembre 1928 à Grand-Bourg (Marie-Galante), au lever du jour, le ciel brumeux, la mer houleuse, le vent déjà violent, augmentant progressivement d'intensité et soufflant en outre par rafales, avaient mis la ville en émoi, la plupart des habitants se livrant à des conjectures alarmantes.

Cependant, les autorités administratives locales n'avaient reçu aucun message annonçant une perturbation atmosphérique inquiétante et invitant la population à recourir aux mesures de sécurité qui s'imposaient.

Mais la force du vent devint si puissante vers huit heures que l'on ne put mettre en doute l'imminence d'un cyclone ; le baromètre avait baissé d'une façon très sensible et il importait alors de se chercher un abri.

Un habitant de la ville, fonctionnaire d'une administration publique (il s'agit de l'auteur lui-même. Note du Scrutateur), logeant dans l'immeuble où était installé son bureau, après avoir renvoyé l'employé affecté à son service, se mit à consolider les portes et fenêtres de son appartement et celles de son bureau, formant le projet, après l'accomplissement de cette tâche d'aller s'abriter ailleurs, doutant de la solidité de l'immeuble, dont plusieurs fenêtres du galetas et du premier étage avaient déjà été emportées par le vent.

Mais il s'attarda trop, voulant à tout prix mettre en sûreté ses archives et dossiers principaux dans l'armoire du bureau.

Il s'était astreint à cette obligation depuis une demi-heure à peine, quand il s'aperçut que l'immeuble s'était incliné ; il ne pouvait plus en sortir ; il était neuf heures ; ses souvenirs s'arrêtent là...

Quand il reprit connaissance, il se rendit compte que sa maison s'était écroulée sur lui ; il ne voyait, n'entendait rien, était couché enserré sous les décombres ; il resta très longtemps dans cette position, se dégagea peu à peu, après de multiples efforts ; enfin libéré, il utilisa en guise de bouclier une large cuvette de zinc pour se protéger des projectiles qui tombaient autour de lui et parvint difficilement à une maison voisine, fortement endommagée et abandonnée de ses occupants. De là, profitant d'une accalmie relative et de l'instant bref où était entrouverte l'une des portes de l'hôpital, proche heureusement, il s'y présenta et fut accueilli avec stupéfaction ; il avait le visage couvert de sang provenant de trois blessures au front et à la tempe ; il était dix-huit heures ».

DEUXIEME TEMOIGNAGE.

(Il s'agit de monsieur Roger Block de Friberg, qui dans cette terrible tragédie fut particulièrement éprouvé, puisqu'il perdit une bonne partie de sa famille dans la catastrophe. Son texte parut alors dans un numéro du journal « Le Nouvelliste de la Guadeloupe »).

LES EFFORTS D'UN PERE POUR ARRACHER SA FAMILLE A LA MORT.

Hélas ! Oui, j'ai été une des victimes les plus éprouvées du cyclone. J'ai perdu trois fillettes, jolies, gentilles et resplendissantes de santé.

Je me trouvais en changement d'air, aux Ilets (petites îles situées dans la rade de Pointe-à-Pitre, à cinq kilomètres de la ville) avec toute ma famille : ma femme, mes six enfants, deux servantes, mon beau-frère Roger Dain, âgé de 20 ans, et mon jeune employé, âgé de quinze ans, Florent Saint-Auret.

Le vent commença à souffler dans la nuit du 11, mais quoique très fort, il ne laissait rien présager de dangereux. Le 12 au matin, voyant que la bourrasque augmentait et que le ciel paraissait tout drôle avec ses nuages qui couraient à une vitesse vertigineuse, je décidai de ne pas me rendre à mon travail, d'autant plus que mon canot à voile courait grand risque de chavirer.

Vers dix heures, je ne me faisais plus d'illusions. Nous étions à la merci d'un cyclone et sans secours de la ville, car non seulement l'administration n'avait pas envoyé le moindre bateau à notre secours, mais elle avait négligé de nous avertir du danger. Je pris aussitôt toutes les précautions utiles ; les portes de notre maison furent condamnées à l'aide de fortes barres de bois et les crochets attachés ; je réunis ma petite troupe dans une pièce, sous le vent, qui semblait la plus solide et la mieux conditionnée. Tout le monde était calme, sans émotion.

LES MAISONS S'ENVOLENT EN MORCEAUX.

Sur le coup de midi, comme un château de cartes, notre maison s'envolait par morceaux. Sans perdre de temps et malgré les tôles qui pleuvaient de toutes parts, je conduisis ma nichée dans une maison voisine dont les propriétaires, pour cause de maladie, avaient dû gagner la ville la semaine précédente.

Nous étions à peine installés dans ce nouveau refuge qu'une seule rafale, d'un bloc, en enlevait le toit.

Vers deux heures, c'est la mer qui fait maintenant son apparition aux Ilets. Elle monte sans cesse. Mes enfants, que j'avais perchés sur des tables, ont, au bout de quelques minutes, de l'eau jusqu'aux genoux. Notre position devient critique. Les lames qui ont déjà emporté les dépendances de l'habitation menacent de nous engloutir. L'une d'elles, d'un choc violent, chasse la maison d'au moins deux mètres. L'effondrement va suivre. Sans plus tarder, au prix de mille difficultés, je porte mes enfants chez un ami et voisin dont la demeure résiste encore. Les grandes personnes se tenant par la main, font la chaîne pour résister à l'impétuosité du vent et à la violence de la houle. Mais, sitôt arrivés, il nous faut fuir plus loin encore, tenter de nous réfugier dans une autre maison, seule, debout, la plus haute, d'ailleurs tous les immeubles des Ilets étant de plain-pied afin de mieux résister au vent.

UNE BREVE ACCALMIE

C'est à 14h30 que nous émigrons vers la maison haute profitant d'une brusque accalmie, (l'œil du cyclone. Note du Scrutateur) car je sais ce répit trompeur, avant-coureur même du retour du cyclone qui, depuis la veille, soufflait du nord-ouest et nous revenait du sud-ouest.

Les grandes personnes donc, partirent avec moi. Je portais mon fils, âgé de deux ans, et soutenais ma femme à demi morte de froid et d'émotion. La route était difficile : une centaine de mètres de trajet, pas plus, mais balayée par 1m50 d'eau, voire 2m quand arrivaient les lames. Et il fallait franchir des arbres à la dérive, des morceaux de maisons flottants, tout un chaos d'épaves s'entrechoquant.

Enfin le premier convoi put arriver à la maison haute (ancienne demeure de M. le député).

Je repartis en toute hâte, tantôt nageant, tantôt courant sur les bois flottants. J'arrivai enfin à la maison où j'avais laissé les enfants et les dames y compris notre bonne. La première petite qui apparut à la porte, ce fut ma fillette, âgée de neuf ans.

Entre temps, la mer n'avait cessé de monter. Luttant plus désespérément que jamais, je revins, une quatrième fois. Mais, à mi-chemin de la maison où m'attendaient les miens, je trouvai deux petits enfants sur le point de se noyer, cramponnés à une planche qui les soutenait à peine. Sans hésiter - et croyant les miens encore en sécurité -je me portai au secours des deux enfants (orphelins de père depuis le 12 septembre). J'emportai tout d'abord le petit garçon, un pauvre gosse de 5 ans, et je revins prendre sa sœur, âgée de 8 ans.

C'est à ce moment-là, il était peut-être 15 heures, que tout fut fini.

L'accalmie avait été brève. Du sud-ouest, le vent était revenu avec une intensité terrifiante. Je n'avais pas sitôt mis la fillette à califourchon sur mon cou que j'aperçus une montagne d'eau s'abattre sur la maisonnette où se trouvaient encore trois de mes enfants, ma bonne, Mme Pierre Queslel et sa petite fille, Mme Jean Lemaistre, mère de deux orphelins, et deux domestiques, en tout neuf personnes qui m'attendaient pour les sauver...

UNE MONTAGNE D'EAU.

Quand je vis cette montagne d'eau s'approcher de moi, instinctivement je plongeai à toucher le sol, risquant de noyer la fillette. Quand je revins à la surface, hélas ! La maison et ses neuf réfugiés avaient disparu. Plus un vestige, rien. La lame, qui avait atteint quatre mètres, avait tout balayé.

Je ne cherchai pas à dire ma détresse. Je restai cloué, hébété par cette perte sans remède. Mais une deuxième et une troisième lame, qui m'obligèrent à plonger encore pour ne pas être entraîné, me rappelèrent à la raison et, comme Saint Christophe que j'implorais avec ferveur durant mon sauvetage, j'emportai la petite fille à la maison haute, où nous parvînmes à demi-noyés par l'eau que nous avions bue.

Nous avons passé tout le reste du temps que dura la tourmente au premier étage et, sans discontinuer, le plancher qui se trouvait à 3m50 du sol, se soulevait par endroits, laissant s'engouffrer l'eau sous l'effort des vagues.

Vers 4 heures du matin, le vent tomba.

Au point du jour, il était 5h30, nous décidâmes de quitter notre grenier. La mer avait fauché l'escalier. Je descendis à l'aide d'un drap attaché à une poutre et plusieurs hommes firent de même. Une fois dehors, jugeant - tant la maison penchait et menaçait ruine - qu'il était dangereux de laisser dans ce galetas les quelques survivants qui y grelottaient, nous fîmes une échelle avec deux mâts de canots et des bouts de bois ficelés par le travers. Ainsi purent être évacués une vingtaine de pauvres êtres transis, épargnés par le désastre.

EN RADEAU.

A huit heures du matin voyant qu'aucun secours ne nous venait de la ville, craignant que mon dernier petit, un bébé de 2 ans, ne mourût de faim - il n'avait rien mangé depuis vingt-quatre heures et nous n'avions même pas une goutte d'eau douce à lui glisser entre les lèvres - j'assemblai un radeau et me dirigeai vers la terre ferme avec douze passagers, ma femme, une bonne, quatre hommes et six enfants. Ce convoi arriva assez aisément à bon terme, après avoir franchi quatre kilomètres d'une mer encore déchaînée.

Parvenus à terre, il nous fallut faire à pied, sans chaussures, presque sans linge, dix-huit kilomètres pour atteindre la ville où nous ne pénétrâmes qu'à 18 heures, ayant tant bien que mal réparé nos forces avec des noix de coco et des cannes à sucre.

La mer m'a volé une fillette de 11 ans, Paulette, une autre de 8 ans, Andrée, et une petite de six ans, Danielle. Elle nous a pris aussi Clotilde Jovial, notre bonne de confiance.

La maison qui nous a sauvé la vie le 12 septembre, est tombée hier matin.

Les Ilets, qui comptaient trente-deux maisons, en ont eu trente et une emportées par le flot. Soixante-dix-huit personnes y ont été noyées. Une trentaine d'Iliens ont été sauvés. Les corps retrouvés en grand nombre à la côte étaient si défigurés qu'ils étaient méconnaissables, difficiles à identifier. J'ai pu retrouver ma pauvre petite Danielle, que j'ai dû enterrer sur le rivage même, car hélas ! Le temps pressait. Et nous avons enterré les autres également sur le rivage, les autres, tous les autres, sans savoir.

R.B. deFRIBERG.

Témoignage de Gilbert de Chambertrand.

(Gilbert de Chambertrand).

La lettre qui suit constitue un témoignage très intéressant, très vivant du tragique cyclone de 1928, émanant d'un des esprits les plus originaux de la Guadeloupe littéraire et artistique du XXe siècle, monsieur Gilbert de Chambertrand, que l'on a souvent désigné sous l'étiquette très honorable de « Sacha Guitry des Antilles ». Cette lettre parut dans le journal l'Illustration du 13 octobre 1928. Je l'ai retrouvée dans le petit livre de monsieur Maurice Martin destiné aux élèves de l'enseignement primaire sous le titre « Précis d'histoire de la Guadeloupe ». Mon édition est de 1939. (Sur Gilbert de Chambertrand on pourra se référer à l'article du Scrutateur que l'on peut trouver dans nos archives sous la rubrique « Figures »).

Cyclone du 12 septembre 1928 Lettre de M. Gilbert de Ghambertrand.

Dès le 11, un peu après midi, le vent se mit à souffler du Nord, cependant que le baromètre, qui était à 760, commençait à baisser, signes non équivoques de l'existence d'une dépression cyclonique. A 16 heures, il était à 758 et, au moment du coucher du soleil, nous pûmes voir un de ces ciels sinistres aux reflets de cuivre qui annoncent généralement les grands bouleversements du ciel. A 20 heures, la pression était à 756, cependant que le vent augmentait graduellement d'intensité. A minuit, j'ai jugé utile d'aller consolider quelques portes de la maison que j'habitais ; le baromètre marquait 754. Le 12, à 5 heures du matin, 752, puis à 7 heures, 750. A partir de ce moment, la situation se précipita. Le vent devenait de plus en plus dur. A 10 heures, 745. Un télégramme arrivait de San-Juan de Porto-Rico, situant le centre de la dépression à 300 milles de la Guadeloupe et se dirigeant sur elle. Ma maison, qui était assez haute et isolée, me parut peu sûre et je l'abandonnai vers 10 heures et demie pour me réfugier dans une maison voisine, plus basse et mieux abritée, emmenant deux enfants et emportant mon baromètre à mercure, la seule chose qui dut me rester. Vers midi, en effet, ma maison s'effondrait et le baromètre marquait 720. Mais le vent devait croître encore de violence, et la dépression se creuser davantage.

Ce n'était qu'un vacarme épouvantable de tôles et de planches emportées et défonçant les maisons ; de murs s'écroulant ; la mer envahissant la ville par les quais, éventrant les docks et les magasins. La maison où je m'étais réfugié commençait à être démolie à son tour. Sa toiture arrachée pièce à pièce, le plafond de l'étage supérieur s'effondrant sur les planchers, s'ajoutaient pour nous au vacarme extérieur. Tout était ruisselant d'eau, et le vent atteignit une force prodigieuse. Enfin, vers 14 heures, survint l'accalmie, l'éclaircie zénithale qui dura très peu, dix minutes environ, pendant lesquelles j'eus le temps de noter la pression la plus basse que je pus observer : 707 m/m. Aussitôt, le vent qui soufflait précédemment du Nord, passa au Sud et reprit, de plus belle, sa rage folle. Jusqu'à quatre heures, ce ne fut qu'un tourbillon d'enfer. A plus d'une reprise, la maison frémit et nous la sentîmes se soulever. Elle resta cependant sur sa base et, vers 16 heures, nous eûmes la joie de constater que le baromètre était remonté à 728. Vers 18 ou 19 heures, il était à 735. A 21 heures, à 745. Enfin, le 13, à 4 heures, il était revenu à 754, tandis que le vent, dont la force avait progressivement diminué, agitait encore ses dernières rafales sur les ruines de la ville. A sept heures, lorsque nous nous hasardâmes au dehors, le baromètre marquait 756.

Quel spectacle nous attendait !... Les maisons culbutées, éventrées, les rues encombrées de débris de toutes sortes, les arbres réduits à leurs troncs, pour ceux du moins qui n'ont pas été déracinés. Le pays devenu méconnaissable. Toute une terre dévastée, roussie, sur laquelle les premiers secours commencèrent de s'organiser péniblement, toutes sortes de choses horribles, de scènes atroces, dont le nombre allait croissant. Des cadavres arrachés aux décombres... Et maintenant, c'est l'isolement, toutes les communications interrompues, la famine et l'épidémie devant soi, parmi les fers tordus, les poutres rompues, les maisons renversées.

Gilbert de Chambertrand.
Illustration du 13 octobre 1928.

Article écrit par M. TERAL Roméo, professeur certifié d'histoire de l'Académie de la Guadeloupe, et étudiant inscrit en doctorat d'histoire à l'université des Antilles Guyane

A- Les Reconstructions d'après cyclone en Guadeloupe (1928-1938)

Les témoignages des survivants du cyclone du 12 septembre 1928, qui nous sont parvenus, décrivent la Guadeloupe, et surtout la Grande-Terre et Pointe-à-Pitre, comme entièrement détruite. Le souvenir terrible de ce cataclysme marqua la mémoire des guadeloupéens pendant de longues années. La nouvelle de la catastrophe fut largement reprise par la presse nationale et locale ce qui permit de faire naître un élan de générosité.

Face à l'ampleur des dégâts il fut très difficile d'établir un bilan précis1. La catastrophe de 1928 ne fit qu'augmenter le nombre de candidats au départ. Après cette catastrophe, une longue polémique sévit, plusieurs semaines durant, dans les colonnes de ce même quotidien. Le sujet de discorde étant la répartition des aides alimentaires (céréales, riz) matérielles (tôles, planches) et financières. Elle montre la crainte d'une mauvaise répartition des fonds.

Durant les deux premiers mois qui suivirent la catastrophe, l'aide aux sinistrés est restée concentrée dans les entrepôts de la cité pointoise. Et certains furent soumis au pillage par une population qui manque, depuis des semaines, de vivres2. Le bruit des rumeurs court jusque dans les campagnes où la situation est la plus épouvantable : « *la population souffre de la faim, c'est pour tous la misère [...] Dans beaucoup de localités, les sinistrés sont parqués dans les édifices publics. Ils attendent que l'on veuille bien leur faciliter la construction d'abri provisoire* ».

C'est ainsi qu'est décrit le sort des petits agriculteurs, mais certains n'ont plus la patience d'attendre : « *hélas, ils sont obligés d'abandonner tout ce qu'ils ont, pour gagner ailleurs leur journée3* ». Et cet ailleurs, le plus souvent, c'est « *la Pointe* » où sont débarquées et distribuées les aides aux sinistrés, même si l'effort de solidarité n'oublie pas les ruraux : « *Le Conseil Général a décidé la construction sans délai de baraquements dans les centres urbains pour les sans-abris. Il a également été décidé que des tôles, planches, matériaux de construction seraient distribués le plus tôt possible au sans-abris des centres ruraux.* ».

1 Deux Fonds d'archives : *le Fond de l'incendie* ou *Série M* et *le Fond de la Série Continue* renseignent sur le cyclone de 1928 (Comptabilité cyclone de 1928 (ADG, S.C., n° 6224-6249). Conservés aux Archives Départementales de la Guadeloupe la Fond de l'incendie et la Série Continue renferment des documents administratifs relatifs à la catastrophe. Une commission chargée d'évaluer pour chaque commune le bilan de la catastrophe permet de nous renseigner sur l'ampleur des dégâts et les sommes attribuées à la reconstruction. *Le Nouvelliste de la Guadeloupe*, le 6 octobre 1928, ADG, microfilmé 4 MI 72 R1.

2 Le Gouverneur Tellier, n'ayant pas pris la mesure de l'ampleur de la catastrophe, ordonna qu'on laisse sous la pluie des tonnes de farine parce qu'il voulait faire payer l'aide afin de ne pas désavantager les commerçants.

3 Le Nouvelliste, paru le 17 novembre 1928, AGG, 4 MI 72 R1, microfilmé.

La virulence de la crise de 1928 et les progrès sociaux, enregistrés au temps du Front Populaire, ont fait émerger, *An tan Sorin*, les prémices d'une économie de subsistance, mise en place, pour parer à la pénurie générale. Pointe-à-Pitre devient le cadre des « *premières soupes populaires* » et il est certain qu'en ces temps de sévères restrictions, la nouvelle arrive jusque dans les campagnes les plus reculées du « *pays* », où vivent des gens décimés. (Le Révérend Père L. Quentin[4] estime la population pointoise à « *25 000 paroissiens* », à la date du 11 septembre 1928. Mais, au lendemain de la catastrophe, la ville avait perdu, en seulement 20 heures, près de 300 habitants. Pointe-à-Pitre n'était plus qu'un amas de ruines, mais les nouveaux arrivants, venus pour contribuer à la reconstruction de la ville, comblèrent le vide laissé par le nombre de victimes. Il fallait donc reconstruire mais, là encore, se posait le problème de la main d'oeuvre. Et, cette fois-ci, il était double : car non seulement il fallait beaucoup de monde pour reconstruire mais il était également nécessaire de former des ouvriers et des techniciens du bâtiment. Il était tout aussi important de retenir les leçons du passé récent : il fallait donc solidifier l'habitat en généralisant l'usage du béton et des structures métalliques. La décision fut prise de reconstruire les principaux édifices, certaines maisons, les routes avec ces nouveaux matériaux de construction (structure métallique, béton, bitume).

De 1928 à 1938 la ville de Pointe-à-Pitre se transforme. Cette mutation fut rendue nécessaire par l'ampleur des destructions occasionnées par le cyclone de 1928. A cette occasion est apparue un profond élan de générosité en provenance de la métropole. Mais c'est avec les travaux d'embellissement de la ville, décidés afin de préparer les festivités du « *Tricentenaire* », que la Guadeloupe devient la cible d'une nouvelle propagande orchestrée par les autorités coloniales. Grâce à un investissement sans précédent, les chantiers se multiplient au sein même de la cité pointoise. Les besoins matériels et humains, au lendemain de la catastrophe naturelle, provoquent une intensification des flux de migrants ayant tout perdu et choisissant cette fois-ci de privilégier « *la Pointe* », comme destination finale, car on y recherche de la main d'oeuvre.

La reconstruction de la ville, le programme des Grands travaux d'assainissement et surtout les préparatifs du « *Tricentenaire* » (1935) provoquent un afflux de migrants venus des campagnes et qui veulent trouver un emploi sur les chantiers de la ville. Ceux-ci sont nombreux et surtout grandioses pour l'époque : port, assainissement, tribunal, hôpital, église Massabielle, stade, immeubles modernes. Les reconstructions d'après cyclone nécessitaient des ouvriers en bâtiment, maîtrisant les nouvelles techniques de constructions (béton, ciment, carrelage) mais que la colonie ne possédait pas.

4 Révérend Père Quentin, Fabre (F), Stehle (G), « Le cyclone de 1928 à la Pointe-à-Pitre », *Bulletin de la Société*

d'histoire de la Guadeloupe, n° 91, p.56.

Depuis la fin de l'immigration indienne (1889), il n'était plus possible de prôner l'importation de main d'œuvre extérieure aux Antilles. Il fallait donc faire venir de métropole des cadres et techniciens pour qu'ils puissent former la population locale. C'est en tout cas ce qu'espère le Révérend Père L. Quentin, vicaire de l'église Saint-Pierre et Saint-Paul, dans son journal personnel, mais aussi les sources imprimées de l'époque comme le journal socialiste, *Le Nouvelliste* est plus précis, quant aux besoins nouveaux, et montre ainsi que le « *pays* » est sur la voie de la modernité₅ : « *Obtenir, à de satisfaisantes conditions, des machines, du fer, de l'acier, du bois, du ciment,[...] des wharfs en béton armé, garnis de treuils et de Decauville [...] une question se pose, celle de la main d'oeuvre. L'ouvrier guadeloupéen, certes a une valeur que nous sommes les premiers à reconnaître. Mais il y aura beaucoup à faire, avons-nous déjà dit, avec des matériaux de construction qui ne sont pas d'un emploi courant, et il s'agit de constructions modernes. Il semble que l'on doive faire appel à des spécialistes, à des techniciens devant constituer un cadre*».

Des contraintes qui entraîneront des retards sur les chantiers de Guadeloupe. Les reconstructions d'après cyclone, à partir de 1928, ne concernent que les édifices publics ainsi que les ponts et chaussées et s'appliquent à toute la Guadeloupe et non à la seule ville de Pointe-à-Pitre. L'adaptation du port aux gros bateaux de croisière, la reconstruction de l'hôpital et du tribunal sont prévus pour la cité pointoise. Les Grands Travaux ont eu une incidence sur l'évolution du *Service des Ponts et Chaussées* de la ville et sur l'activité grandissante des *Services de l'Urbanisme* de la ville dans les années 1930. La tâche de reconstruire et de moderniser la Guadeloupe fut confiée à l'architecte des colonies Ali Tur.

5 *Le Nouvelliste*, du 3 octobre 1928, ADG.

B- Ali Tur : architecte en Guadeloupe 1930-1937

L'oeuvre titanesque réalisée par l'architecte Ali Tur, de 1929 à 1937, concerne près d'une centaine d'édifices publics en Guadeloupe et il contribua à relever la colonie d'une totale destruction. La rapidité d'exécution de se son oeuvre s'explique par la mission qui lui est confiée au lendemain de la catastrophe : transformer une colonie pour les festivités du « *Tricentenaire* » : « *Le programme à réaliser était le suivant : construire le plus vite et le plus économiquement possible, dans un pays privé d'industrie du bâtiment et de main d'œuvre spécialisée, une série d'édifices correspondant le mieux possible aux conditions de climat de cette région des tropiques6* ».

Diplômé de l'Ecole des Beaux-arts de Paris, il devient architecte du Ministère des Colonies en 1925 et ouvre une seconde agence à Pointe-à-Pitre en 1929. Il s'entoure d'autres ingénieurs une fois sur place (C. Bourdais, A-F Duval). Edouard Mercier (1901-1984) et Gérard Michel Corbin (1905-1972) ont aussi collaboré à l'agence. Il fait entrer « *le pays* » dans la modernité en donnant une nouvelle image à ses édifices publics.

Ali Tur, architecte du Ministère des Colonies, devait se plier aux requêtes de l'état. Le 1er avril 1929, il signe un contrat avec la Colonie, portant sur une somme de 40 millions de francs, pour des travaux à exécuter en quatre ans. L'image de la République et la grandeur de l'administration coloniale doivent apparaître dans les nouveaux bâtiments du pouvoir. Ce qui justifie l'utilisation des colonnades, le recours à la galerie, à la symétrie, aux façades et aux patios et auvents. Il introduit de nouvelles techniques comme le coffrage, les plafonds à caisson, les murs en aggloméré et les enduits en ciment. L'adoption des toits en terrasse permet d'éviter le danger des tôles arrachées pendant les tempêtes.

Ali Tur introduit en Guadeloupe les bases de l'architecture moderne. Son architecture, qui utilise béton et fer (béton armé), permit de faire une peau neuve à la ville avant que ne débarque le cortège des personnalités parisiennes en 1935. Pendant près de 10 ans, la Guadeloupe est une colonie en chantier. Les autorités coloniales recherchaient des techniques de construction pour résister ou lutter contre les séismes, les incendies, les cyclones. Jusqu'à la généralisation du béton armé en Guadeloupe (1930), différents *arrêtés municipaux* limitaient l'utilisation du bois dans les bâtiments. Pour lutter efficacement contre les catastrophes, ils recommandaient la construction au centre-ville d'habitations avec un ou deux étages en bois superposés sur un rez-de-chaussée en pierre ou maçonnerie (coupe-feu).

Ali Tur est le premier architecte qui applique en Guadeloupe le béton armé à tous les éléments de construction (fondation, colonnes, poutres, dalles, chapes, galerie). Il redéfinit ainsi un style architectural qui respecte le milieu naturel tropical. Ali Tur consacre une grande partie de son oeuvre à une architecture essentiellement publique (administrative, judiciaire, religieuse, médicale). Son urbanisme organise la ville autour de ses équipements sociaux (hôpitaux, dispensaires, écoles, marchés). La conception et la réalisation de nombreux édifices furent confiées à Ali Tur qui parvint à résoudre les problèmes climatiques (Annexe C).

Choisi dès 1929, par le Gouverneur Le Tellier, Ali Tur devient architecte du Ministère des colonies en Guadeloupe.

6 Guibert (Jean-Michel), « Historique des liens entre catastrophes naturelles et architecture. », dans *Habiter son territoire*, Colloque de Pointe-à-Pitre avril 2004, Cité des Métiers, CRDP de la Guadeloupe, 2005, pp. 69-86.

Sa mission est d'embellir et de reconstruire l'île pour les festivités du Tricentenaire. De 1930 à 1936, la Guadeloupe devient le terrain d'action du jeune architecte (40 ans) qui s'en sert pour mettre en oeuvre et élaborer sa nouvelle vision des sciences de la construction. Le résultat est impressionnant : l'île est devenue un laboratoire de recherche du nouveau courant d'architecture : *le Modernisme*. L'immense oeuvre d'Ali

Tur fait entrer certains endroits de la ville dans la modernité car son architecture s'adapte aux contraintes naturelles du milieu tropical (séisme, cyclones, incendies).

L'oeuvre d'Ali Tur fut novatrice car elle accorde une large place aux nouvelles techniques et matériaux de construction et contribue à faire entrer la Guadeloupe dans la modernité.

Gouverneur Constant Sorin (1901- 1970)

Il a reçu une formation militaire à Saint-Cyr (1923).

Après une courte carrière militaire, il choisit l'administration civile (concours de l'inspection des colonies). Nommé en Guadeloupe par Georges Mandel, il y débarque en avril 1940 juste avant la débâcle.

Sorin a été diversement apprécié de l'opinion. Pour l'ensemble de la population, il symbolise la misère, le rationnement, bref la source de leurs problèmes quotidiens. Pour ceux qui se sont opposés à lui, le reproche concerne le ralliement à Vichy. A la vérité le pouvoir de Vichy n'a pas eu à s'implanter et prolongeait administrativement la République. Les fonctionnaires de Vichy aux Antilles sont ceux de la République. Petit à petit, on remplace les personnes, notamment un gouverneur décédé en Guyane, un gouverneur en Martinique, mais également des évêques. Sorin est nommé par la République en 1940. Quant à l'amiral Robert, Haut-commissaire de la République sur le théâtre de l'Atlantique ouest, il est nommé en Martinique dès 1939. A la retraite, il a demandé à reprendre du service.

Le discours publié au journal officiel du 14 mars 1942 peut nourrir le mythe de l'autosuffisance guadeloupéenne sous Sorin et fonder des discours sur la Guadeloupe qui doit enfin se réveiller. A la vérité, le résultat matériel est fort médiocre, ce qui concorde avec la mémoire d'une époque très difficile :

- **" Appel aux agriculteurs et aux industriels guadeloupéens:"**

Avant de compter sur les autres, comptez sur vous-mêmes. L'heure est venue de vous mettre courageusement au travail, et avec acharnement. Il faut produire. Hier vous avez fait un effort pour vos cultures vivrières et pour la culture du manioc... Maintenez de toutes vos forces les cultures d'exportation à leur potentiel actuel, mais ne les développez pas. La prudence l'exige, car nul ne sait de quoi demain sera fait. Intensifiez au contraire les cultures de consommation. Que ce pays devienne, grâce à vous, un pays d'arachides et vous aurez votre huile, denrée de première nécessité. Plantez du ricin, plantez des cocotiers, et vous aurez votre savon. Plantez du sisal et vous aurez de la corde et de la ficelle ... Il s'agit aujourd'hui de la vie de votre pays et de son avenir".

Pour soutenir ce programme, Sorin prit plusieurs arrêtés comme par exemple celui interdisant l'abattage des arbres fruitiers (arbres à pain, manguiers etc...).

L'Effort Guadeloupéen

L'absence de produits importés fut cruellement ressentie. Sorin se lança dans une politique, "l'Effort Guadeloupéen", visant le développement de productions locales. Si les aïeux guadeloupéens se souviennent encore de cette période héroïque, il ne faut pas croire, pour autant, que "l'Effort Guadeloupéen" assura l'autosubsistance. On admettra que l'époque a favorisé une prise de conscience de la dépendance extérieure.

Sorin voulait pousser les grands propriétaires terriens aux cultures vivrières, mais les superficies concernées restèrent limitées. La gendarmerie de Sainte-Rose notait de l'usine Bonne-Mère qu'elle ne consacrait aux vivres que 30 hectares sur 1600 (moins de 2 %). Indifférents aux difficultés de la main d'oeuvre, méfiants des retombées des lois sur les rhums et sucres, les usiniers cherchaient avant tout à produire et stocker du sucre pour le vendre après la guerre en profitant d'une conjoncture à la hausse. Les quelques cultures vivrières entreprises ne suffirent donc pas à pallier les difficultés du moment. Or, même si beaucoup affirment que l'on ne mourut jamais de faim en Guadeloupe, il faut admettre que la situation eut un impact non négligeable sur la santé des Guadeloupéens.

La mortalité augmenta subrepticement après le blocus total du premier semestre 1943. Cela témoigne de l'ampleur des privations. Cette situation a probablement contribué à accélérer, en 1943, le phénomène de résistance observé depuis le début du conflit.

Source web : http://fr.wikipedia.org/wiki/Constant_Sorin

Postface

L'antan est un modèle, une étude de cas qui tient souvent la réponse à de nombreuses questions, la lumière du passé pour éclairer et comprendre le présent. Aujourd'hui nous répétons toujours les mêmes scènes que nos grands-parents d'antan. Nos gestes ont tout simplement évolué avec notre époque. Nous travaillons la terre en revendant ses produits, nous garons nos voitures devant nos maisons comme leurs charrettes, le geste de la marchande de sorbet reste encore le même, la culture de la canne, l'élevage etc.... Il est seulement à regretter que certains actes moraux comme la tenue, le respect des aînés aient perdu leur sens véritable.

Nous revenons aux gestes d'antan, preuve que la spirale touche à sa fin. La suppression des sachets en grande surface pour les cabas est un exemple. Dans le temps on utilisait des paniers en osier pour aller sur le marché. Peut-être avez-vous connu aussi le temps, où les bouteilles de limonade étaient consignées où lorsque vous revendiez bouteilles de rhum et de vin Préfontaine ? Voilà un modèle jadis de réduction dynamique des déchets polluants. Nos routes n'avaient pas autant d'ordures qui les jonchaient. Même la mode ne résiste pas longtemps à la pression de l'antan.

Qu'y a-t-il vraiment à dire ou à redire de l'antan ?

Biographie :

Né en 1975, issu d'une famille modeste, à l'âge de 6 ans il quitte l'île de Saint-Martin (FWI) sa terre natale pour la Guadeloupe où vit son père agriculteur.
Il participe à des petites rencontres poétiques, Kala-Pani, son premier ouvrage sera écrit en 2003 (édité en novembre 2009) suite à un concours lancé par le Conseil Général de la Guadeloupe dont l'objectif est : d'encourager la création littéraire afin d'enrichir le répertoire des œuvres théâtrales, permettre l'éclosion de nouveaux talents et présenter une œuvre originale au festival de théâtre d'Avignon en juillet 2004 (la pièce primée étant destinée à servir à un travail de création).

En 2010, il reçoit une invitation pour participer au 8ème salon international du livre de Saint-Martin à côté de Max Rippon, Raphael Confiant et d'autres écrivains du Canada, de la Jamaïque…
Soigné, rigoureux et exigent, il a le souci d'abord de plaire à son lecteur. Chaque phrase devrait être une suite de plaisirs. Dans un de ses poèmes les Mots il déclare :

« Les mots peuvent faire de nous
Un tout.
Ils ont fait de moi un poète
De vous,
Des hommes friands de lettres ».

…/….

Du même auteur :

Kala-Pani, La malédiction des flots, Editions Bod
Novembre 2009, 68 pages

- Comédie théâtrale dramatique (arrivée
  des Indiens en Guadeloupe)

Carnet de route, Voyage en Afrique, Editions Bod
Février 2010, 96 pages

- Recueil de poèmes

ഇൗ

Correction

Comme au bureau...

Nathalie GONZALES - Adresse postale : 118 rue André Bollier
- 69007 LYON

Tél : 06.10.21.19.35 - Fax : 04.69.96.25.19
www.commeaubureau.fr

Photographies de couverture :

- Ancienne carte postale, Allée Dumanoir, Guadeloupe, Collection Boisel http://www.cpa-guadeloupe.fr.

- Ancien moulin à vent et voie ferrée, Petit-Canal, G. Cocks.

 Photographies de la quatrième de couverture :

- Pont de la Rivière Salée, Collection Boisel http://www.cpa-guadeloupe.fr.

- Moulin à vent, Petit-Canal, G. Cocks

Base de travail : anciennes cartes postales de la Guadeloupe complété par des témoignages vivants.
Collection Boisel http://www.cpa-guadeloupe.fr

Réalisation complète et mise en page : G. Cocks

Site de l'auteur : http://cocksgeorges.jimdo.com/
Voir tous ses ouvrages édités et en cours d'édition.

Remerciements à :

Mr H. Poullet pour les expressions de la langue créole et à
Mr E. Boulogne pour les récits du cyclone de 1928. **Source web, http://www.lescrutateur.com/article-21111314.html**

© 2010, COCKS Georges

Dépôt légal : Juin 2010

Editeur : Books on Demand, 12-14 rond point des Champs
Elysées, 75008 Paris

Impression : Books on Demand GmbH, Allemagne

ISBN : 9782810619412